LES OTAGES

DANS LE DROIT DES GENS

AU XVIe SIÈCLE

PAR

M. Albert DESJARDINS

MEMBRE DE L'INSTITUT

PARIS

ALPHONSE PICARD, ÉDITEUR

82, RUE BONAPARTE, 82

1888

EXTRAIT DU COMPTE RENDU

De l'Académie des Sciences morales et politiques

(INSTITUT DE FRANCE)

PAR M. CH. VERGÉ

Sous la direction de M. le Secrétaire perpétuel de l'Académie.

LES OTAGES DANS LE DROIT DES GENS

AU XVIe SIÈCLE

Pendant bien des siècles, la bonne foi a été rare, la confiance a été nulle dans les relations internationales. Ceux qui contractaient des obligations, pour peu qu'elles fussent ou qu'elles devinssent onéreuses et pénibles, formaient la résolution d'en éluder l'exécution, espérant que les circonstances leur en fourniraient l'occasion, décidés à la faire naître au besoin. Ces dispositions ne pouvaient échapper à celui au profit duquel était conclu l'engagement ; non seulement il les trouvait à peu près chez tout le monde autour de lui, mais il les trouvait encore en lui-même, et il sentait bien qu'elles auraient été les siennes, si les rôles avaient été intervertis ; il parait au danger en exigeant de celui qui promettait toutes les sûretés possibles, sûretés qui, d'ailleurs, s'il était expérimenté et clairvoyant, ne pouvaient pas lui procurer encore une sécurité complète.

Un des moyens auxquels on recourait le plus habituellement, consistait à se faire donner des otages, c'est-à-dire à faire remettre en son pouvoir un certain nombre de personnes qui devaient y rester jusqu'à ce que la promesse fût réalisée et la parole dégagée.

I.—Les otages servaient à garantir les obligations les plus diverses. Il ne se concluait pas un traité de paix dont on ne cherchât à rendre ainsi l'exécution plus certaine ; je cite seulement les traités de Madrid et de Cateau-Cambrésis. Il en était de même de ces accords qui se font entre belligérants, trèves, capitulations, promesse de se rendre, si l'on n'est pas secouru dans un certain délai, promesse de payer une certaine somme pour se racheter de l'incendie. Au sein de la paix, les princes sont quelquefois dans la nécessité de se fier les uns aux autres, et ce n'est pas sans une certaine crainte qu'ils livrent leurs personnes ; quand Charles-Quint traversa la France pour aller dans les Pays-Bas, en 1539, François Ier « envoya pour sûreté audit empereur messeigneurs le Dauphin et le duc d'Orléans, ses enfans (1) ».

En somme, il s'était formé ainsi un droit non écrit au sujet des conventions qui se présentaient le plus souvent dans les rapports des souverains et dans la vie des peuples : « Il ne restoit plus qu'à donner des otages et à signer », dit Rabutin (2), en parlant d'une capitulation ; l'un des deux actes lui paraissait aussi essentiel que l'autre. L'usage absolument général enlevait toute apparence blessante à la condition de fournir des otages. Les plus puissants souverains, les plus loyaux capitaines trouvaient tout naturel qu'on les y astreignît. La coutume acceptée par tous rendait l'obligation égale pour celui qui faisait la loi et celui qui la subissait. On prenait quatre otages dans la ville, quatre dans le camp « pour sûreté et accomplissement de la capitulation » de Thionville (3), en 1558. Quand un traité conclu à Lyon, le 17 janvier 1601, entre Henri IV et le duc de Savoie, mit fin aux difficultés qu'avait suscitées l'ambition peu scrupuleuse de ce dernier, « parce qu'il y avoit plusieurs ratifications et vérifications à fournir de part et d'autre, et du temps porté par lesdits articles pour cela et pour rendre à chacun ainsi qu'il avoit été accordé, les places qu'ils te-

(1) *Chronique du Roi François Ier*, publiée par M. G. Guiffrey, p. 275.
(2) *Panthéon littéraire*, p. 591 et 592.
(3) *Ib.*, p. 743.

noient, furent baillés des otages de part et d'autre... (1) »
Ni la réputation de loyauté justement acquise, ni la supériorité du rang n'empêchèrent le roi de France de s'exécuter envers M. de Savoie.

La plus exquise courtoisie n'aurait pas davantage empêché un prince d'accepter les otages qui lui étaient offerts ; elle l'aurait seulement porté à leur rendre la liberté après les avoir reçus. En 1502, le père de Charles-Quint, Philippe-le-Beau, était, lui aussi, allé d'Espagne en Flandre par la France : « Outre que Louis XII lui avait donné pour sûreté sa parole royale, on lui avait envoyé en Flandre quelques seigneurs pour y demeurer en otages jusqu'à ce qu'il y fût arrivé ; mais, à peine fut-il entré en France que, pour marquer une entière confiance au roi, il ordonna de les renvoyer (2) ». Il témoignait de sa courtoisie en même temps que de sa confiance, après avoir reçu ce qui était dû à sa situation.

II. — On donne une garantie ; il faut qu'elle soit sérieuse. Jamais un prince ne sera libre de fournir comme otages des personnes au sort desquelles on pourrait le soupçonner de rester indifférent ; il est nécessaire que le désir de faire remettre en liberté ceux qui lui sont chers ou utiles s'ajoute au désir d'exécuter sa promesse pour le fortifier.

Vattel (3) dirige à ce sujet une accusation grave contre un de nos anciens capitaines : « On a soin, ordinairement, dit-il, de convenir de la qualité des otages qui doivent être livrés ; et c'est une insigne mauvaise foi que de manquer à cet égard aux conventions. Ce fut une honteuse perfidie à La Trémouille que de donner aux Suisses quatre otages de la lie du peuple au lieu des principaux citoyens de Dijon,

---

(1) Ph. Hurault *(Panthéon littéraire,* p. 382.)

(2) Guichardin, trad. *(Panthéon littéraire),* liv. V., chap. v, p. 232.

(3) *Le Droit des gens,* nouv. édit. 1775, t. I, § 253.

comme on en étoit convenu dans le traité ». Vattel était Suisse et peut-être accueillait-il trop facilement un vieux grief de ses compatriotes, Guichardin dit que La Trémouille, en 1613, donna aux Suisses en otages « quatre personnes de la première qualité (1) » ; le témoignage de du Bellay est encore plus positif : « Leur bailla pour otages, écrit-il (2), le seigneur de Mézières, son neveu, le bailli de Dijon, nommé de Rochefort, et quatre bourgeois de ladite ville (3) ».

La qualité des otages varie d'ailleurs naturellement avec l'importance des intérêts en cause. Le traité de Madrid portait que François Ier, pour devenir libre, remettrait entre les mains de Charles-Quint ses deux fils aînés ou douze des principaux seigneurs de France. Le roi s'arrêta noblement au premier parti. En 1518, le même roi avait conclu avec Henri VIII d'Angleterre un traité où le mariage du Dauphin avec la petite princesse Marie était arrêté, et où la ville de Tournay était cédée à la France, moyennant le paiement de certaines sommes ; ce paiement était garanti par l'envoi

(1) *(Panthéon littéraire)*, liv. XII ch. Ier.

(2) *(Panthéon littéraire)*, liv. I, p. 321.

(3) Une accusation du même genre fut dirigée par les Anglais contre le prieur de Capoue, Léon Strozzi, général des galères de France : « Mardi dernier, le seigneur prieur de Capoue avoit fait mettre en terre quelques uns de ses gens pour prendre de l'eau, desquels par fortune avoit été retenu deux par les Anglois, à raison de quoi ledit seigneur prieur avoit requis que l'on envoyât deux gentilshommes pour parlementer avec lui dans les galères et qu'il en envoyeroit deux autres en terre à quoi les Anglois s'étoient accordés et avoient envoyé vers lui deux gentilshommes d'étoffe et de qualité ayant bien de quoi, et lui en échange avoit envoyé des gens de basse et vile condition qu'il avoit fait bien vêtir, comme il est vraisemblance, car soudain qu'il avoit tenu les Anglois, il avoit levé l'ancre et fait voile, et s'en était allé ayant mandé aux François qu'ils s'assurassent que tel traitement qu'il leur seroit fait, seroit fait aux autres. » Telle était du moins la version anglaise (*Correspondance politique d'Odet de Selve,* publiée par M. Germain Lefèvre-Pontalis, *Odet au Roi*, 14 juillet 1547, p. 163).

de quatre gentilshommes de la Chambre et de quatre enfants
d'honneur à Londres (1).

Ce qui rend tel otage plus précieux que tel autre, c'est
tantôt sa fortune, sa haute position dans l'État, les services
qu'il peut rendre, tantôt le lien particulier qui l'unit à la
personne dont il s'agit de consolider l'engagement : « Les
otages (sous François Ier) et depuis guères ne se donnoient
que très riches », dit Brantôme (2). Voilà une application
de la première idée. La seconde apparaît dans l'acte d'un
gouverneur qui remet son fils en promettant de capituler,
s'il n'est pas secouru dans un certain délai (3).

Il en est de la désignation des otages comme de toutes les
autres clauses insérées dans un traité ; c'est l'accord des
deux parties qui, sur tous les points, forme la convention ;
quand l'un a offert, l'autre voit s'il doit accepter, chacun
défendant de son mieux son intérêt tel qu'il le comprend.
On va souvent plus loin en faveur du créancier, on lui
donne le droit de choisir lui-même, sauf, à ce qu'il semble,
à faire passer au promettant le droit de refuser à son
tour, ou tout au moins la faculté de faire des objections.
Le traité conclu en 1559 entre Henri II et Elisabeth au sujet
de Calais, portait « que le roi... donneroit pour sûreté tels
gentilshommes françois en otage que la reine voudroit
choisir (4) ». A Cateau-Cambrésis, le droit de choisir les
otages espagnols fut réservé aux plénipotentiaires français, et cependant ce n'étaient pas ceux-ci qui dictaient
les conditions de la paix (5) ; les otages choisis furent

(1) M. Decrue, *Anne de Montmorency*, p. 13.

(2) *Œuvres complètes*, publiées par M. L. Lalanne, *Les vies des grands
Capitaines français*, t. III, p. 152.

(3) Rabutin, p. 559 et 560.

(4) De Thou, *Histoire universelle* (trad., Londres, 1734). t. III, p. 249,
liv. XXII.

(5) *Papiers d'État du Cardinal de Granville (Collection de documents
inédits sur l'histoire de France)*, t. V, p. 376 et suiv.

le duc d'Albe, le prince d'Orange, Ruy Gomez, comte de Melito, et le comte d'Egmont. Mais, derrière le choix d'un haut personnage, d'un vaillant homme de guerre, l'on soupçonnait parfois d'étranges arrière-pensées: « Nous entendons, écrit d'Ossat à Villeroy, le 11 septembre 1600 (1), que ledit duc de Savoie vous demande pour otage, entre autres, M. le maréchal de Biron ; à quoi il montre qu'il n'a pas encore perdu l'envie de continuer à se moquer du Roi et de son conseil. Il feroit beau voir lui bailler l'épée et les armes dont on le bat, et, par ce moyen, l'enhardir et encourager à nouvelles perfidies, et lui mettre en main ceux qui l'ont le plus offensé et de qui il se craint le plus, pour vous les rendre empoisonnés et avec la mort au corps, comme il feroit sans doute, tant il est impie et téméraire. »

A la personne d'abord désignée peut en être substituée, d'un commun accord, une autre qui offre les mêmes garanties. En 1576, Henri III donna au prince Casimir « Yves, marquis d'Allègre et François d'Escars, homme prodigieusement riche... Celui-ci, du consentement des Allemands, substitua en sa place Jacques de Beaumont, son fils aîné. Pour le marquis d'Allègre il eut plus de peine à s'exempter de cette commission. Comme il n'avait point d'enfants, il voulut aussi nommer en sa place un certain Yves, fils d'Antoine de Millaud, son frère... Mais, les Allemands n'ayant point voulu accepter cet échange, pour lever tout obstacle, le marquis d'Allègre, par un contrat irrévocable, institua son neveu héritier, non seulement de son nom et de ses armes, mais encore de tous ses biens (2).» La charge devenait bien lourde pour celui qui avait été désigné, quand il s'agissait d'obligations dont l'exécution ne devait pas avoir lieu avant un terme éloigné ; il paraissait dur, il pouvait être

____

(1) *Lettres du Cardinal d'Ossat, avec des notes historiques et politiques de M. Amelot de la Houssaye,* Amsterdam, 1732, t. IV, p. 69.

(2) De Thou, t. VII, p. 435, liv. LXIII.

préjudiciable à de grands et riches seigneurs d'être retenus indéfiniment loin d'une cour, où ils couraient risque d'être oubliés, en dépit des services qu'ils rendaient, loin d'une famille qu'ils ne pouvaient ni protéger ni diriger, loin de vastes biens dont l'administration, presque toujours compliquée, exigeait la plus vigilante attention. C'était après huit ans seulement que Henri II, en 1559, promettait de restituer Calais aux Anglais. Était-il possible de faire peser la charge sur les mêmes épaules pendant un temps si long? Catherine de Médicis écrivait, en 1562, à l'ambassadeur d'Angleterre : « Pour le long temps qu'il y a que les sieurs de Pont et Noirmoutier, deux des quatre otages qui sont en Angleterre, et pour les urgens et pressés affaires qu'ils ont par deçà nous avons avisé les retirer et en lieu y envoyer le sieur de Palaiseau, gentilhomme de la chambre du Roi, Monsieur mon fils, et le sieur de Courtenay, de la maison de Dampmartin, qui sont gentilhommes de lieu et de qualité telle que je m'assure qu'ils seront très agréables à la reine d'Angleterre, ma bonne sœur, dont néanmoins je n'ai voulu laisser vous en avertir, afin que, vous en étant enquis par deçà, vous lui en puissiez, de votre part, faire encore plus de foi... » Le sieur de Courtenay avait plus de noblesse que de fortune, et l'ambassadeur déclara « ne le pouvoir trouver bon otage pour le regard de ses biens, qui ne répondent pas à la dignité de sa maison, et à ce que le traité porte », déclaration que Catherine releva et discuta avec vivacité (1).

III. — Celui à qui sont remis les otages a le droit de les retenir jusqu'à l'exécution de l'obligation qu'ils garantissent comme il retiendrait des objets quelconques à lui remis en gage. On peut aussi convenir qu'ils seront comme déposés entre les mains d'un tiers ; les otages livrés réciproquement

(1) Catherine de Médicis, *Lettres*, publiées par M. le comte Hector de la Ferrière *(Coll. de doc. inédits)*, t. I, p. 268, 273, 274.

par Henri IV et par le duc de Savoie furent menés par le légat « en Avignon et y demeurèrent comme entre les mains du Pape jusqu'à l'entier accomplissement de tous les articles de la paix » de Lyon (1).

Mais les otages n'étaient pas des prisonniers, ils devaient être bien traités. En 1536, Antoine de Leiva, à qui se rendait Fossano, promettait d'accorder ce que lui demanderait un des vaincus, M. de la Roche-du-Maine, « pensant que la requête dût être de bon traitement et de laisser aller lesdits jeunes otagers passer le temps avec les dames (2) ». Henri II venait de recevoir les otages du roi d'Espagne quand il mourut; François II, « ne leur fit jamais moins bonne chère que feu son père, » écrivait le cardinal de Lorraine à l'évêque de Limoges, l'Aubespine, ambassadeur en Espagne : « Afin qu'ils connussent que le Roi vouloit qu'ils usassent et fissent ici tout ainsi et en la même liberté et privauté qu'ils étoient du temps dudit feu seigneur Roi, il commanda à Monsieur mon frère et à moi les aller visiter en leur logis,... auxquels nous fîmes parlement et bien au long entendre la bonne intention de Sa Majesté envers eux... Et passèrent entre nous tant et de si bons et honnêtes propos qu'il me sembla n'avoir jamais vu gens plus contents et mieux édifiés (3) ». Le duc d'Albe désirait et attendait plus : « du vivant du feu roi, il avoit eu espérance de Sa Majesté de partir et s'en aller en Espagne quand il voudroit. » Cette espérance se réalisa peu de temps après (4); le duc d'Albe reçut du roi de France la permission de « se retirer en Espagne » en promettant « de retourner vingt jours après la première réqui-

---

(1) Ph. Hurault, *l. cit.*

(2) Du Bellay, liv. VI, p. 575.

(3) *Négociations, lettres et pièces diverses relatives au règne de François Ier, tirées du portefeuille de Sébastien de l'Aubépine,* par Louis Paris, (*Coll. de doc. inédits*), p. 36 et 37.

(4) *Ib.,* p 36.

sition qui lui seroit faite de la part de Sa dite Majesté, »
promesse faite sur sa foi et honneur, sans qu'aucune
garantie spéciale fût exigée de lui (1).

Mais tout le monde n'avait pas des dispositions aussi bien-
veillantes que nos rois. Charles-Quint ne se fit pas honneur,
quand il montra tant de dureté à l'égard de « Messieurs les
enfants, » c'est-à-dire du Dauphin et du duc d'Orléans, qu'il
avait reçus comme devant lui garantir l'exécution du traité
de Madrid. Le sort des jeunes princes émut profondément
la France tout entière, et le duc d'Orléans, qui devint
Henri II, ne pardonna jamais à l'Empereur. L'âme de la
reine Elisabeth n'était guère accessible à la générosité.
Elle avait soin de placer « Messieurs les otages » près d'elle
quand un prince étranger venait la saluer, avec ces arrière-
pensées qui en amenèrent un si grand nombre à sa cour (2).
C'était par étalage. Catherine de Médicis eut besoin de lui
rappeler des règles dont on s'écartait au sujet des gentilshommes retenus en Angleterre : « Ce nous a été, écrivait la
régente de France à la reine d'Angleterre, le 25 janvier 1563,
une nouvelle assez extraordinaire d'entendre que le prévôt
de Paris, l'un de nos otages près de vous, ait été ainsi dure-
ment traité et emprisonné et un sien gentilhomme aussi,
dont, encore que l'on nous en ait dit l'occasion, nous ne
pouvons que nous ébahir et vouloir croire que, y ayant bien
pensé, vous aurez agréable, pour le respect et du lieu qu'il
tient et du personnage que c'est, vous accommoder aux
remontrances que sur ce vous fera le sieur de Foix (3) ».

Les otages avaient, eux aussi, des obligations à remplir et
notamment, quand on les avait mis sur leur foi, ils étaient

(1) *Ib.,* p. 91 et 92.

(2) M. de Noailles à M. d'Oysel, 12 oct. 1559. — M. Teulet, *Relations
politiques de la France et de l'Espagne avec l'Ecosse au XVIᵉ siècle,* t. I,
p. 361.

(3) Catherine de Médicis, *Lettres,* t. I, p. 486 et 487.

tenus de ne rien faire pour se sauver. Elisabeth reprochait aux otages français d'avoir manqué à cette obligation (1). Elle les accusait aussi d'avoir violé un autre devoir en se mêlant à des intrigues ourdies contre elle dans son propre royaume.

Une fois l'obligation exécutée, la liberté doit être rendue immédiatement, sans condition aussi bien que sans terme, aux otages. Il en est de même, si l'obligation s'éteint d'une autre manière que par l'exécution même. De là encore une longue polémique entre les deux cours de France et d'Angleterre. Elisabeth avait, en secourant les huguenots contre le roi, enfreint la première le traité qu'elle avait signé. Catherine s'armait du texte même de ce traité pour soutenir que cette infraction faisait tomber les obligations de la France et devait avoir pour conséquence la mise en liberté des otages. Elle écrivait notamment, le 15 janvier 1564, qu'elle avait eu une longue conversation avec l'ambassadeur Throckmorton : « Je répondis que, notre désir étant de vivre en paix avec eux (les Anglais), nous ne demandions rien que la liberté de quatre pauvres gentilshommes détenus par delà sans raison et libres de leur foi et promesse, comme ils sont ». La prétention d'Elisabeth était de se faire payer une somme d'argent et elle invoquait le traité de Cateau-Cambrésis ; le débat se termina par une transaction ; au lieu de 500,000 écus que réclamait Elisabeth, elle en accepta 120,000, somme « qui leur sera délivrée, disait un peu plus tard Catherine, non pour le respect de la délivrance desdits gentilshommes, mais par forme de présent (2) », en réalité dans l'intérêt de notre commerce maritime et sans que le nom d'otages leur fût attribué (3).

Quand l'obligation était violée, le droit de la partie qui avait reçu les otages se bornait-il à les retenir? Allait-il plus

(1) Castelnau, *Mémoires* (*Panthéon littéraire*), liv. V, ch. VIII, p. 193.
(2) *Ib.*, t. II, p. 127, 128, 189, 154.
(3) Castelnau, liv. V, ch. VII, p. 192.

loin encore ? Il semble bien qu'il y avait eu un temps où ils pouvaient être mis à mort, mais il était passé, tout au moins depuis peu. Gilbert de Montpensier, qui commandait. en 1495, les troupes françaises dans le royaume de Naples, fut accusé d'avoir manqué à sa parole. Selon Brantôme (1), les Espagnols disaient qu'il avait « rompu les trèves faites dans le Castel-Noir en sortant par mer, laissant ses pauvres otages, gens de bien et d'honneur, à la merci du couteau de justice. Que si Ferdinand eût été aussi cruel qu'aucuns de ses prédécesseurs, sans faillir, ils avoient tous la tête tranchée par juste droit de guerre ». A en croire Guichardin (2), Ferdinand avait eu « quelque envie de suivre à la rigueur les lois militaires et de se venger... par la mort des otages ».

IV. — Le droit des gens resta pendant assez longtemps au sujet des otages tel qu'il s'était définitivement formé au XIIIe siècle. Dans la première moitié du siècle dernier, on s'attachait aux mêmes règles. Dans un simulacre de guerre comme on en faisait dès lors pour exercer l'armée, à Compiègne, en 1539, il se faisait une capitulation et l'on donnait des otages (3).

Un grand changement s'est, au contraire, consommé dans notre siècle après s'être annoncé au siècle dernier. Il n'y a rien de commun entre les otages d'autrefois et ceux de la dernière guerre.

« A mesure, dit M. Calvo (4), que les progrès de la civilisation et le frein salutaire des lois morales ont pesé davantage sur les relations privées comme sur celles de peuple à peuple, le barbare système des otages est allé en s'affaiblis-

---

(1) *M. de Montpensier*, t. III, p. 3.
(2) Liv. II, ch. v, p. 95.
(3) *Duc de Luynes*, t. II, p. 466.
(4) *Le Droit international, théorique et pratique*, 4e éd., liv. IV, p. 204. Cf. MM. Funck Brentano et Albert Sorel. *Précis du Droit des gens*, 1817, not., p. 285 et 288.

sant ; il a même fini par disparaître devant la réprobation universelle qui a frappé les actes de cruauté et de criante injustice, dont son emploi avait été si souvent marqué. De nos jours, c'est à peine si l'on en retrouve encore l'usage chez certaines peuplades sauvages de l'Amérique et de l'Océanie. Quant aux nations civilisées, lorsqu'elles se croient fondées à craindre un manque de bonne foi, une exécution incomplète ou trop lente de telles ou telles obligations internationales, elles préfèrent en général avec raison recourir à des nantissements matériels ».

Ainsi l'ancienne pratique est tombée en désuétude, dans les rapports des peuples civilisés tout au moins, Mais il s'en est introduit une autre, très différente, quoique se présentant sous le même nom, qui pourrait justement être qualifiée de barbare.

Autrefois, une convention expresse se formait entre deux parties, dont l'une donnait, dont l'autre recevait des garants sous le nom d'otages ; aujourd'hui, c'est un belligérant qui fait acte d'autorité sur un territoire envahi ou occupé. Autrefois, les otages devaient assurer l'accomplissement d'une obligation convenue, déterminée ; aujourd'hui, un envahisseur rend ceux qu'il a saisis de son propre pouvoir responsables des faits qu'il lui convient d'interdire, toujours de son propre pouvoir, peut-être beaucoup moins dans la pensée de faire respecter les lois de la guerre que dans celle de paralyser la défense. Autrefois, celui qui recevait des otages s'engageait implicitement à les bien traiter ; aujourd'hui, celui qui en prend n'hésite pas à les assimiler aux prisonniers de guerre ; quelquefois il va plus loin et il expose leurs jours, faisant de leur danger une protection pour lui-même. Ces aggravations sont d'autant plus choquantes que les otages n'ont pas été pris, en général, de nos jours, dans la même classe qu'autrefois ; ce n'est pas parmi ceux qui combattent, c'est au sein de la population civile que nous les avons vu choisir, au sein de cette population que le progrès des mœurs et du droit international tendrait à mettre, autant que possible, en dehors des plus graves périls et des maux les plus extrêmes.

L'on ne connaissait autrefois les otages que dans le premier sens du mot. Grotius n'en avait pas indiqué d'autre, mais son traducteur et commentateur Barbeyrac, en 1729, ajoutait au texte une note ainsi conçue : « Il y a aussi des otages qui ne sont donnés ni par le souverain, ni par eux-mêmes, mais pris par l'ennemi ». Il donnait quelques exemples tirés de l'histoire sainte et de l'histoire ancienne ; il n'en trouvait probablement pas dans l'histoire moderne, puisqu'il n'en citait pas, se contentant de se reporter à des habitudes tout à fait contemporaines : « Rien n'est plus commun, aujourd'hui, disait-il, que de prendre des otages par force pour la sûreté des contributions. Il y a bien de la différence, par rapport aux effets de droit, entre ces otages et ceux qui sont donnés par l'État (1) ». Burlansqui s'exprimait à peu près de même en 1768 (2).

Une fois introduit, ce second sens a fini par absorber le premier. Les changements apportés à la signification des mots peuvent avoir de graves conséquences. Quand on applique un terme admis depuis longtemps à des actes qui ne devraient l'être jamais, on trompe et on pervertit la conscience publique ; on la familiarise avec l'abus ou le mal en le lui présentant sous un nom qui est déjà accepté d'elle. Ceux qui ont les premiers forcé le sens des mots n'ont pas prévu que d'autres viendraient après eux qui le forceraient à leur tour plus gravement encore. L'invasion emploie d'abord un terme pour légitimer ses excès, et plus tard, c'est l'insurrection qui s'en sert pour autoriser ses crimes.

(1) *Le Droit de la Guerre et de la Paix*, par Hugues Grotius, nouv. trad. par Jean Barbeyral, 1729, t. II, p. 495, lire en note, § LII (1).

(2) *Principes du Droit de la nature et des gens*, 1769, t. II, p. 259.

Orléans. — Imp. Paul Girardot.

www.ingramcontent.com/pod-product-compliance
Lightning Source LLC
LaVergne TN
LVHW011928170726
843501LV00011BA/4285